Wolfgang Jean Costanza

La meilleure méthode de succès en Bourse

Edition : Books on Demand,
12/14 rond-Point des Champs-Elysées, 75008 Paris
Impression : BoD - Books on Demand, Norderstedt, Allemagne

ISBN 9782322145485
© 2019 Wolfgang Jean Costanza
Dépôt légal: septembre 2019
Tous droits réservés pour tous les pays.
Photo de couverture: Sculpture devant la bourse de Francfort Sculpteur: Reinhard Dachlauer
Photo: Wolfgang Jean Costanza

Table des matières

Les meilleurs spéculateurs   4

Le soi-disant Vendredi Noir   9

Le filet de sécurité en bourse   13

Les bases du marché boursier   20

Les meilleures stratégies   28

Les erreurs les plus courantes   37

Les meilleurs spéculateurs

Chère Sofia,

dans votre lettre vous avez demandé quels arguments parlent pour la Bourse. Au début j'écris ce qui parle contre elle: La Bourse a un article féminin dans la plupart des langues. C'est une dame très capricieuse et totalement imprévisible. Parfois elle est de bonne humeur, ce que les courtiers appellent 'une hausse', parfois elle est très en détresse, ce que les courtiers appellent 'une baisse'. Elle est fortement influencée par les événements politiques, même s'ils se produisent à l'autre coté de la planète. Elle est toujours curieuse au sujet des nouvelles positives et négatives auxquelles elle réagit avec les prix à la hausse et à la baisse.
Si vous voulez faire des affaires avec cette dame capricieuse vous bénéficiez d'un avantage en tant que femme. Les statistiques montrent que les femmes en Bourse ont en moyenne plus de succès que les hommes parce que les femmes préfèrent des investissements avec peu

de risque et les hommes une spéculation risquée.

Au lieu de vous ennuyer avec un traité sur les moyens de spéculation boursière, je préfère vous raconter l'histoire de succès des deux meilleurs spéculateurs en Bourse:

Benjamin Graham a commencé sa carrière à *Wall Street*, où il a écrit pour 12 dollars par semaine les cotations boursières sur un tableau noir. A l'âge de 25 ans, il avait déjà un revenu annuel de 600 000 dollars. En 1934 il a déclaré sa nouvelle *stratégie de la valeur* dans son livre *Security Analysis*. Compte tenu de cette stratégie il investit en 1948 un quart de ses actifs dans la compagnie d'assurance *Geico*. Au cours des huit prochaines années cet investissement a rapporté un bénéfice de 1635 %! Pendant 30 ans, il a réalisé un bénéfice de 17 % par an avec sa stratégie. 10 000 dollars sont devenus 1 110 000 dollars. De 1928 à 1957, il a enseigné à l'université *Columbia*. Il y avait seulement un étudiant à qui il a donné le plus haut grade A+:

Warren Buffett. Celui-ci a acheté les trois premières actions à l'âge de 11 ans. A partir de 1954 il a spéculé dans la société d'investissement de son professeur *Benjamin Graham*. Quand celui-ci a terminé son travail dans l'entreprise, *Warren Buffett* a recueilli 105 000 dollars de sa parenté et a fondé sa propre société d'investissement. Entre 1956 et 1969 le taux de rendement moyen était de 29,5% par an. Les membres de la parenté de *Warren Buffett* devinrent multimillionnaires et, en 1998, ceux qui avaient investi 10 000 dollar en 1956 possédaient une belle somme de 150 millions de dollar.

Warren Buffett a acquis 86 milliards de dollar en spéculation boursière. Les actions de sa société d'investissement *Berkshire Hathaway* coûtent actuellement 300 000 dollar par action et sont les actions les plus chères du monde.

Contrairement à d'autres spéculateurs célèbres, *Warren Buffett* ne cache pas ses achats de titres. Ils sont publiés et commentés par lui. En conséquence, il est devenu un gourou pour des millions d'investisseurs en Amérique. Ceux-ci répètent ses achats d'actions. Cela augmente le prix de ces actions.

Buffet est l'un des hommes les plus riches du monde avec 86 milliards de dollar de richesse privée. Cependant, il vit toujours dans la même maison à *Omaha*, qu'il a acheté en 1958 pour 31 000 USD. Il conduit une voiture de classe moyenne et seulement une fois par semaine se régale d'un bon repas au *steak house*.

Dans une interview avec le magazine américain *Fortune* il a annoncé la décision suivante le 25 juin 2006: Il donnera 85 % de sa fortune à des organisations caritatives et à la recherche médicale, 30 milliards à la fondation de son ami *Bill Gates*.

Pourquoi est-ce-que j'ai vous raconté cette histoire de succès? Elle illustre mieux qu'un séminaire boursier: La méthode la plus efficace de la spéculation boursière est de poursuivre patiemment une bonne stratégie. Dans une autre lettre, je vais vous donner plus d'informations sur la *stratégie de la valeur*.

Afin de vous faire prendre conscience que vous êtes dans la meilleure compagnie en tant que spéculatrice je vous présente quelques spéculateurs éminents:

Le philosophe romain *Cicéron* acquit par la spéculation immobilière une fortune considérable. Il est venu à deux conclusions qui ont jusqu'à aujourd'hui conservé leur validité: L'argent est la base de la république et la spéculation est le tremplin vers une grande fortune.

L'écrivain *Voltaire*, un spéculateur passionné, a acheté à prête-noms tous les billets de loterie de la loterie nationale française. Il avait calculé que la somme de gains de loterie était considérablement plus grande que le prix total pour l'achat de tous les billets de loterie. Il était très riche de ce coup, le directeur de loterie a été licencié sans préavis.

D'autres spéculateurs célèbres: le peintre *Gauguin*, les écrivains *Balzac* et *Beaumarchais* et l'économiste anglais *Lord Keynes*. Sous son portrait, le gouvernement britannique a écrit le texte suivant:

> John Maynard Lord Keynes, qui a réussi à faire fortune sans travailler.

Puisque je pars en tournée en *Californie*, vous ne pouvez pas me joindre dans les quatre prochaines semaines.

Le soi-disant Vendredi Noir

Cher Wolfgang,

pendant votre voyage en Californie, j'ai lu un livre sur le plus grand krach. Il est devenu clair pour moi: La Bourse a deux visages: un aimable qu'elle a montré à *Benjamin Graham* et *Warren Buffett* et un peu aimable, qu'elle a montré à beaucoup de courtiers. L'un d'eux a écrit:
'Sur le marché boursier, vous pouvez faire une petite fortune en investissant une grosse fortune.'
La Bourse a détruit à plusieurs reprises des montants gigantesques d'argent. En 1929, *Wall Street* a causé la plus grande débâcle financière de l'histoire.
Avant 1929, le monde a connu le plus grand boom boursier de tous les temps. La fièvre spéculative a infecté toutes les couches sociales. Le tuyau boursier chaud était plus convoité que l'alcool interdit par la *prohibition*. Les chauffeurs n'écoutaient que d'une oreille à la circulation, avec l'autre ils essayaient d'attraper un tuyau boursier de leurs passagers. Le valet de chambre d'un courtier a

gagné un quart de million avec le tuyau boursier de son maître. Le tuyau boursier d'un patient reconnaissant a offert 30000 dollars à une infirmière.

Une actrice a orné son appartement avec des graphiques de la hausse des cours des actions:

General Electric a augmenté de 300 % en un an, *Radio Corporation* environ 400 %.

God's own country a été frappé par l'illusion que l'abolition de la pauvreté est imminente et qu'une nouvelle ère de 'prospérité éternelle' commence.

Le 24 octobre 1929, le soi-disant **Vendredi Noir**, a commencé la plus grande débâcle financière de l'histoire. L'ensemble du drame est illustré par la performance de l'indice *Dow Jones*: Lors de la première cotation en 1896, l'indice a 41 points. Jusqu'en 1927 il s'élève à 100 points. En raison de la spéculation surchauffée, en partie financée par des emprunts bancaires, l'indice attend le plus haut niveau de 381 points en septembre 1929. Ces cours sont bien au dessus de la valeur réelle des entreprises.

Irving Fisher, professeur à l'université *Yale*, déclare le 16 octobre:

'On disait que les actions ont atteint un sommet permanent.'

Dans les trois prochains jours, il y a un krach. L'indice *Dow Jones* perd 15 %. Le 23 octobre, l'indice chute à 300 points. Le jour suivant, le soi-disant **Vendredi Noir**, la valeur totale de toutes les sociétés cotées à *Wall Street* baisse de 11 milliards de dollars. Lundi, l'indice chute à 260 points. Mardi, il perd encore 12%. Le 15 novembre il tombe à 180 points. À l'été 1932, il a perdu un total de 89 % et tombe à 41 points qu'il possédait le premier jour de sa cotation.

Les cours des actions des grandes sociétés américaines sont en chute libre: *General Electric* de 220 à 20, *Radio Corporation* de 115 à 3 1/2.

Les statistiques reflètent le krach comme suit:

Plus de 123 000 spéculateurs réussis tenant une voiture de luxe ont dû changer pour le métro. À la suite de la débâcle financière, plus de 9000 banques ont fait faillite. La légende américaine du plongeur, qui devient millionnaire, a joué de plus en plus fréquemment dans la direction opposée. Des millions d'actionnaires en Europe et en Amérique sont

devenu misérables, mais ont eu de grandes difficultés à trouver des gens riches pour mendier quelque chose.
Le nombre croissant de suicides a inspiré le comédien *Will Rogers* au gag suivant:
 «À New York, le portier de l'hôtel demande aux nouveaux arrivants:
Voulez-vous une pièce pour dormir ou pour sauter par la fenêtre?»
Je me soucie beaucoup de bien dormir. Par conséquent, je ne peux pas décider de rejoindre le club des actionnaires, qui est en grande partie composé d'hommes prenant des risques.

Le filet de sécurité en bourse

Chère Sofia,

à mon retour de *Californie*, j'ai trouvé votre lettre, à la quelle je répondrai immédiatement.

La chute de l'indice *Dow Jones* entre 1929 - 1932 à la valeur de 1896 a ébranlé votre confiance dans le marché boursier. Je peux comprendre cela bien. Cependant, le développement de l'indice *Dow Jones* est une réussite: En 1954 il atteint à nouveau le niveau de 1929. En 1972 il brise le mur du son de 1000 points. En 1987, il gravit plus de 2000 points. En 1992, il a franchi l'obstacle de 3000 points, après quoi il monte en 2019 à 26 500 points. Bien que la hausse des cours ait été interrompue à plusieurs reprises par des baisses des cours, l'indice *Dow Jones* a fortement augmenté de 1896 à 2019. Le boom boursier et le crash boursier sont deux facettes de la même médaille.

Le spéculateur en Bourse *André Kostolany*:

'Pas de krach qui ne soit précédé d'un boom et pas de boom qui ne se termine

pas par un krach.'
Un courtier a dit:
«Le marché boursier ne sonne pas avant le krach.»
Cependant, il y a un signal d'alarme avant la chute de la bourse: le soi-disant 'marché boursier des ménagères'. Cela signifie que des gens entrent dans la spéculation boursière, qui n'ont aucune idée des actions. Le milliardaire américain *John Rockefeller* avait manifestement un sens aigu de ce signe d'avertissement. Il a vendu toutes les actions quelques semaines avant le *Vendredi Noir*, comme un cireur de chaussures lui avait donné plusieurs tuyaux boursiers.
En raison de l'expérience du *Vendredi Noir*, les bourses ont établi une nouvelle règle pour empêcher une vague de vente semblable à l'avalanche. En cas de pertes de cours extrêmes, la négociation sur les Bourses est suspendue. C'est grâce à cette stratégie, qu'aucun des chocs boursiers suivants n'a eu les mêmes conséquences que le V*endredi Noir*. Après le krach boursier de 1987, les courtiers de Francfort ont prouvé qu'ils n'avaient pas perdu leur humour. Ils ont écrit le texte suivant:

'Mes finances sont brisées.
Il y avait un crash boursier.
J'ai fait des dragons de mes
actions pour mes enfants.
Je suis allé avec eux au pré
où l'air souffle doucement.
Là, je pouvais voir mes actions
monter à nouveau.'

Peut - être que je peux vous redonner la confiance perdue dans le marché boursier en vous présentant le triangle des rendements DAX. Ce triangle montre les rendements moyens annuels qu'un dépôt de garantie répliqué sur le DAX aurait rapporté s'il avait été acheté et vendu entre 1983 et 2006. Ce triangle est composé de 300 champs. Les champs bleus signifient des profits, les champs rouges signifient des pertes. 87 % des champs montrent par la couleur bleue un bénéfice, seulement 10 % des champs montrent par la couleur rouge une perte. J'espère que le petit nombre des champs rouges vous redonnera la confiance dans le marché boursier.

Vous pouvez comparer le spéculateur boursier avec un funambule. Quand il s'écrase, sa vie est sauvée par le filet de sécurité. Si le spéculateur était assez intelligent pour construire un filet de sécurité, sa fortune sera en grande partie récupérée en cas de crash boursier. Ce filet de sécurité comprend les 7 règles d'or suivantes:

1. N'investissez qu'une partie de vos actifs en actions. La part des actions est calculée selon la formule suivante:

Part des actions en % = 100 moins âge.

2. Achetez des actions uniquement avec de l'argent dont vous n'avez pas besoin sur une longue période de temps.

3. Investissez votre argent dans diverses actions.

4. Investissez les gains en actions dans des titres à revenu fixe. Lorsque tous les gains en actions sont réinvestis dans des actions et s'il y a ensuite un crash boursier, une grande partie du gain est perdue.

5. Réalisez les gains en actions. On doit toujours se souvenir:

Le marché boursier n'est pas une rue à sens unique. Les bénéfices sur le cours sont de l'argent emprunté qui doit être remboursé lors de la prochaine crise boursière.

6. N'achetez jamais d'actions avec l'aide de crédits bancaires.

7. Gardez vos pertes minimes en vendant une action le plus rapidement possible en cas de baisse des prix. La règle suivante s'applique à la Bourse:
'Laisser les gains de prix aller, garder les pertes de prix faible'.
Vous avez besoin d'une augmentation de prix de 100 % pour compenser une perte de prix de 50 %!
Enfin, je vais vous raconter une anecdote sur le banquier berlinois *Carl Fürstenberg:*
En raison de la plus haute protection, *Carl Fürstenberg* avait reçu un compartiment dans la voiture - lits de la première classe pour le voyage de Varsovie à Berlin. Quand le train se mettait en marche, monsieur L. se précipitait vers lui, que le banquier avait rencontré peu de temps auparavant lors d'un dîner d'affaires à l'*hôtel Adlon*:

«Monsieur Fürstenberg, je vois que votre deuxième lit est libre. Je vous paierai tout prix si vous me le laissez.»
À ce moment-là, Fürstenberg se souvint que monsieur L. avait fait un bruit très fort en mangeant, ce qui provoqua en lui l'association d'un ronflement encore plus fort. Pensif, il regarda monsieur L.

et dit:

«Je veux réfléchir sur la suggestion encore une fois pendant la nuit.»

Lorsque le train s'arrêta à la gare frontalière le matin, il se réveilla en grinçant des roues de freinage. Il a entendu la voix coupante du douanier:

«Station frontière, contrôle des passeports.»

Fatigué et pâle monsieur L. était assis sur sa valise.

Fürstenberg dit:

«Si je vous vois comme ça, je suis désolé après que je ne vous ai pas offert mon deuxième lit.»

«La nuit n'était pas si mauvaise, mais le pire c'est que l'officier des douanes m'a grondé parce qu'hier j'ai oublié de reprendre mon passeport à la réception de l'hôtel. Je ne pouvais persuader ce fonctionnaire obstiné ni par mes demandes ni par une offre de pot - de - vin à des hauteurs vertigineuses pour me laisser entrer en Allemagne.»

À ce moment le fonctionnaire obstiné est sorti d'un compartiment voisin. Le banquier est allé à lui et a dit quelques mots. Puis l'officier est venu à monsieur L. et a tapé son bonnet:

«Vous pouvez entrer en Allemagne.»
Monsieur L. aimerait avoir le banquier au tour du cou. Il est allé à lui et a serré avec reconnaissance sa main.

«Merci beaucoup, monsieur Fürstenberg, mais qu'avez-vous dit à cet entêté fonctionnaire prussien?»

«Je lui ai donné un ordre officiel et il a répondu:
Bien sûr, si vous me donnez un ordre officiel».

Les bases du marché boursier

Chère Sofia,

je suis heureux que vous voulez entrer dans la spéculation boursière à cause de ma dernière lettre. Cependant, vous devez d'abord apprendre les bases du marché boursier. Ensuite vous pouvez faire de gros bénéfices sur le marché boursier. Vous écrivez:
'Je n'ai pas d'idée des actions.'
Selon une enquête, la moitié des Allemands sont dans cette vallée de l'ignorance. Par conséquent la part des actionnaires en Allemagne en 2016 était seulement 6 % (France 15 %, Suisse 20 %, Grande-Bretagne 23 %, États-Unis 25 %, Pays-Bas 30 %).
Les Allemands ont une fortune de 6000 milliards d'euros en épargne. Mais seulement 6 % d'entre eux ont investi dans des actions. Cependant, les actions génèrent plus de profits à long terme que tout autre investissement. Le rendement moyen des actions au cours des 50 dernières années a été supérieur de 2 % au taux de rendement moyen des titres à

revenu fixe. À court terme, cette différence de rendement a peu d'impact sur le profit. À long terme, l'influence sur le bénéfice est très élevée en raison des intérêts composés. Le montant final d'un investissement de 9 % dépasse l'investissement final de 7 % en 10 ans de 40 %, de 173 % en 20 ans et de 565 % en 30 ans.

Le marché boursier est un moteur important de l'économie. Les actionnaires qui donnent de l'argent et les entrepreneurs qui reçoivent de l'argent se trouvent ici.

Les entrepreneurs augmentent leur capital en transformant l'entreprise en société par actions.

Les actionnaires peuvent profiter des distributions de bénéfices des sociétés et de la hausse du cours des actions.

En achetant une action, l'investisseur devient copropriétaire de l'entreprise. Il participe au profit de l'entreprise, si le développement est bon et à la perte de l'entreprise, si le développement est mauvais.

Un *indice boursier* est composé d'un plus grand nombre d'actions. Les 40 plus grandes entreprises françaises forment l'indice boursier français **CAC 40**. Les 30 plus grandes entreprises allemandes forment l'indice boursier **DAX**.

Un *certificat d'indice* est une participation à toutes les actions d'un indice. Le certificat d'indice DAX représente donc une participation dans les 30 actions de l'indice DAX. La valeur marchande du certificat d'indice DAX résulte des cours des 30 actions de DAX. Un gros avantage d'un certificat d'indice est la réduction du risque de prix par la participation à un grand nombre d'actions.

Inconvénient des certificats indiciels: Si la banque émettrice du certificat d'indice fait faillite, ces derniers entrent dans la masse de la faillite, ce qui constitue une perte pour l'investisseur.

ETF (anglais: Exchange Traded Fund) est en France plus couramment désigné sous le terme de 'tracker indiciel'. Les 'trackers indiciels' sont des fonds qui répliquent la performance d'un indice boursier. Exemple: Un ETF basé sur l'indice CAC 40 représente aussi précisément que possible le cours de cet indice.

Les trackers indiciels offrent la possibilité d'investir sur toutes les actions d'un indice en achetant qu'un seul titre.

Les ETFs sont négociés en Bourse et peuvent donc être achetés et vendus à tout moment.

Grâce à sa gestion passive, les frais sont plus bas que dans le cas d'un fonds géré activement.

L'exemple suivant illustre l'impact considérable des frais administratifs annuels: sans frais d'administration annuels, les parts de fonds d'un montant de 10 000 euros avec un rendement de 8 % sur 30 ans peuvent atteindre 100 626 euros. Avec des frais d'administration annuels de 2,5 %, l'investisseur ne dispose que de 49 839 euros après 30 ans.

Les dividendes sont soit versés aux détenteurs des ETFs soit réinvestis dans le fonds.

Les ETFs sont considérés comme une fortune séparée et demeurent la propriété de l'investisseur en cas d'insolvabilité de l'émetteur.

Lorsque vous achetez des ETFs soit vous donnez l'ordre d'acheter au prix moins cher ou vous nommez le prix que vous voulez payer le maximum. Lorsque vous vendez soit vous donnez l'ordre de vendre au prix le plus élevé ou vous nommez le cours que vous voulez recevoir au moins.

Il y a deux façons d'acheter des ETFs. Vous pouvez acheter chaque mois un nombre égal des ETFs ou vous pouvez dépenser chaque mois une somme d'argent égale pour l'achat des ETFs. Je vous recommande la deuxième option: Si vous dépensez un montant égal sur les ETFs tous les mois, vous achetez moins des ETFs par mois en cas de hausse des prix mais plus des ETFs en cas de baisse des prix. Cela vous donnera un prix d'achat inférieur par rapport à l'achat d'un nombre égal des ETFs par mois.

La partie du bénéfice qu'une entreprise verse à ses actionnaires s'appelle un *dividende*. Le calcul du rendement du dividende est très simple: rendement du dividende en % = dividende : cours de l'action x 100.

Le dividende sera distribué le lendemain de l'assemblée générale annuelle. Chaque actionnaire détenant des actions en son porte-feuille le jour de l'assemblée générale reçoit le dividende. Le lendemain du paiement du dividende, le prix de l'action baisse d'un montant égal au dividende.

Je voudrais maintenant vous expliquer

les raisons les plus importantes de l'évolution des cours boursiers. La relation entre l'offre et la demande détermine le prix de l'action. L'augmentation de la demande a un effet positif sur le prix de l'action, tandis que la baisse de la demande a un effet négatif. Ici, le cycle économique joue un rôle majeur. Dans les phases de reprise conjoncturelle et de boom les investisseurs peuvent dépenser plus d'argent en actions à mesure que leur revenu augmente, alors qu'en période de ralentissement économique et de récession les investisseurs dépensent moins d'argent en actions; les prix des actions sont en baisse.

Une raison importante de la hausse des cours est la chute du prix du pétrole. Les investisseurs peuvent acheter plus d'actions parce qu'ils dépensent moins sur les coûts de l'énergie (essence, mazout).

Une cause importante de la chute des cours est une augmentation des intérêts sur les titres à revenu fixe. Dans ce cas, les investisseurs achètent plus de titres à revenu fixe et ont moins d'argent pour acheter des actions.

Vous avez maintenant appris les connaissances de base du marché boursier. En plus de ces connaissances de base, vous devez également connaître les meilleures stratégies afin de faire de gros profits sur le marché boursier. Je présenterai ces stratégies dans ma prochaine lettre.

Enfin, je vais vous raconter deux anecdotes sur *Carl Fürstenberg*:

Monsieur A., nouvel homme riche au ratio inversement proportionnel entre richesse et intelligence, demandait régulièrement à *Fürstenberg* des conseils en bourse. Étonnement, cependant, il a toujours fait le contraire de ce que le banquier lui avait conseillé de faire. Par conséquent, il a eu peu de succès sur le marché boursier et encore moins de réputation. Lorsqu'il demanda de nouveau son avis sur le marché boursier, Fürstenberg dit d'un ton bourru:

«Embrasez mon nombril.»

«Je ne comprends pas.»

«Vous devrez bien comprendre ça, vous faites toujours le contraire de ce que je dis.»

Monsieur G., membre de la bourse de Berlin, a reçu le titre de 'Consul général' d'un État totalement insignifiant. Il tenait à toujours être traité avec ce titre.

Lors d'une réception à la banque de Carl Fürstenberg, il y a eu une réunion entre Monsieur A., le membre de la bourse avec la plus basse réputation, et Monsieur G., le membre de la bourse avec le plus haut titre. Monsieur A. a levé son verre de champagne et a déclaré d'une voix respectueuse:

»Je me permets de boire une bonne gorgée de votre santé, monsieur le consul.«

Fürstenberg dit avec un sourire ironique. «Jules César n'était que Consul, Monsieur G. est le Consul général.»

Les meilleures stratégies

Chère Sofia,

lors d'une réunion du carnaval de *Mayence*, l'artiste de cabaret *Herbert Bonnewitz* a plaisanté:
«Madame, où laissez-vous penser?»
En ce qui concerne la spéculation boursière, vous ne devez pas avoir peur de laisser les professionnels du marché boursier penser pour vous. Il vaut mieux que vous faites de gros profits avec leur aide que si vous spéculez sur le marché boursier avec moins de succès. Je vais vous présenter les meilleures stratégies afin que vous sachez comment vos futurs bénéfices boursiers se réaliseront. La sélection des titres, en tenant compte des meilleures stratégies, implique beaucoup de temps et d'efforts. C'est mieux aux spécialistes des marchés boursiers.
La **stratégie de la 'valeur'** développée par *Benjamin Graham* est basée sur la considération suivante: Si la valeur boursière d'une entreprise est inférieure à sa valeur réelle, les actions de la société sont achetées à moyen terme, car les

investisseurs reconnaissent la sous-évaluation. Le prix des actions augmente. En raison de la sous-évaluation, le risque de perte de prix est faible. Les actions sélectionnées à l'aide de la stratégie de la valeur présentent donc une bonne occasion d'investissement et en même temps un faible risque de baisse des cours.

L'indice MSCI EMU VALUE contient la performance des entreprises européennes sous-évaluées. Cet indice a augmenté de 95 % de 1997 à 2009. La valeur de marché des sociétés sans sous-évaluation n'a augmenté que de 51 %. La différence de 44 % prouve la supériorité de la stratégie de la valeur.

Je vous recommande donc d'acheter un tracker indiciel (ETF) basé sur la stratégie de la valeur, par exemple:
DEKA STOXX EUROPE STRONG
VALUE 20 UCITS ETF – EUR DIS
ISIN DE000ETFL045

Augmentation des prix au cours des 10 dernières années: 130%.

Toutes les augmentations des prix ont été calculées le **25.5.2019**

(Source: www.onvista.de)

La **stratégie de dividendes** développée par *Benjamin Graham* repose sur les considérations suivantes: Le rendement total d'une action se compose du bénéfice sur le cours et du dividende. Les actions qui versent un dividende élevé ont donc également un rendement total élevé. Il y a deux variantes de la stratégie de dividendes:

La stratégie Top 10.
Au début de chaque année, vous achetez les 10 actions d'un indice qui versent le dividende le plus élevé; ces actions sont conservées dans le dépôt pendant un an.

La stratégie Top 5.
Parmi les 10 actions ayant le rendement en dividendes le plus élevé, les 5 actions ayant la valeur marchande la plus faible sont sélectionnées. Celles-ci on laisse un an dans le dépôt.

Le soi-disant DIVDAX est un indice des 15 actions DAX avec la plus forte distribution de dividendes. Entre 2000 et 2011 le rendement total du DIVDAX a dépassé de 45 % le rendement total du DAX.

Je vous recommande d'acheter un tracker indiciel (ETF) basé sur la stratégie de dividendes, par exemple:
XTRACKERS STOXX GLOBAL
SELECT DIVIDEND 100 SWAP
UCITS ETF

ISIN LU0292096186

Augmentation des prix au cours des 10 dernières années: 209%.

Le principe de la **stratégie momentum** est d'acheter des actions qui ont déjà une tendance haussière. Vous pouvez voir cette tendance à la hausse du fait que le prix des actions a augmenté au-dessus de la moyenne au cours des 6 derniers mois. La stratégie est basée sur la considération suivante: Si le prix d'une action a augmenté au dessus de la moyenne dans le passé, alors il est très probable que le prix augmentera dans un proche avenir. Quand une action a augmenté, elle ne va pas ralentir si vite. Cette dynamique d'une action s'appelle *effet momentum*.

L'efficacité de cette stratégie a été confirmée par les calculs de *l'université de Mannheim*: Avec la *stratégie momentum* des rendements supérieurs de 10 % au rendement moyen de l'indice peuvent être atteints. Cette méthode confirme le vieux dicton des courtiers britanniques: «The trend is your friend.»

Je vous recommande d'acheter un tracker indiciel basé sur la *stratégie momentum*, par exemple:
XTRACKERS MSCI WORLD

MOMENTUM UCITS ETF – 1C USD ACC
ISIN IE00BL25JP72
Augmentation des prix au cours des **3 dernières années**: 56%.

Les ETFs dépassent généralement les fonds gérés par des gestionnaires de fonds. Je vous recommande les fonds activement gérés uniquement dans les 4 conditions suivantes:

1. Vous ne devrez acheter que des fonds négociés en euros, car les fonds en devises comportent un risque de change.

2. Vous ne devrez acheter que des fonds avec un 'filet de sécurité'. Ce sont des fonds qui contiennent non seulement des actions, mais également des obligations à revenu fixe (en tant que filet de sécurité).

3. Le fonds devrait être négocié en bourse. Vous devez payer des frais d'acquisition (jusqu'à 5%) si vous achetez un fonds géré activement auprès de la société d'investissement. Cette surtaxe ne s'applique pas aux achats en bourse. Les fonds négociés en bourse présentent un autre avantage:

La société de placement peut suspendre le rachat du fonds si des circonstances exceptionnelles l'exigent. Dans ce cas vous pouvez vendre le fonds via la bourse.

4. Au moins une des principales agences de notation devrait certifier que la qualité du fonds est supérieure à la moyenne. Meilleure ou pire note (entre parenthèses): Morningstar: 5 étoikes (1 étoile), Scope: A (E), Eurofonds: 1 (5), Feri: A (E), Lipper Leaders: 5 (1), Standard & Poors: Platinum (Grading removed).

Je vous recommande ci-dessous 3 fonds qui remplissent les 4 conditions:

KEPLER VORSORGE MIXFONDS – EUR DIS
ISIN AT0000969787
Augmentation des prix au cours des 10 dernières années: 116%.

ACATIS GANÉ VALUE EVENT FONDS – A EU
ISIN DE000A0X7541
Augmentation des prix au cours des 10 dernières années: 128%.

INVESCO PAN EUROPEAN HIGH INCOME FUND
ISIN LU0243957312
Augmentation des prix au cours des 10 dernières années: 164%.

À la fin de l'année, je vous conseille de

retourner à la société de placement, par l'intermédiaire de la banque, les fonds qui ont obtenu le rendement le plus bas depuis leur achat. Cela augmente le rendement moyen des fonds restants dans le portefeuille.

Je vous recommande d'utiliser une partie des bénéfices générés par les ETFs et les fonds pour acheter des fonds d'actions hautement rentables, par exemple:

ISHARES MDAX(DE) UCITS ETF – EUR ACC
ISIN DE0005933923
Augmentation des prix au cours des 10 dernières années: 301%.

FRANKLIN TECHNOLOGY FUND – A EUR ACC
ISIN LU0260870158
Augmentation des prix au cours des 10 dernières années: 535%.

En ce qui concerne le bénéfice sur le cours, il convient de noter ce qui suit: Le bénéfice sur le cours est exempt d'impôt en *Suisse* si une période spéculative est respectée. En *Allemagne*, toutefois, une taxe est déduite du bénéfice sur le cours.

Enfin, je te raconte deux anecdotes sur *Carl Fürstenberg*: Le banquier était un fanatique de ponctualité. La rumeur a

circulé à Berlin:
'L'équipage de Fürstenberg passe tous les matins à 9 heures par la porte de Brandebourg.'
Cette rumeur a également atteint les oreilles de l'empereur, qui vivait selon la devise:
'L'exactitude est la politesse des rois.'
Un matin, les équipages se sont rencontrés à la porte de Brandebourg. L'empereur a salué Fürstenberg, qu'il avait rencontré lors de nombreuses réceptions à la cour.Il a ensuite sorti sa montre de poche pour vérifier la ponctualité du banquier. Cependant, cela s'était arrêtée. Il la fixa à 9 heures. Quand, à midi, la cloche de la 'Nikolaikirche' se mit à sonner, il tira la pendule de sa poche. Les deux mains se tenaient sur le numéro 12.
Fürstenberg, fanatique de la ponctualité, a eu des sueurs lorsque son équipage s'est retrouvée coincée dans un embouteillage alors qu'il se rendait à la lecture d'un auteur à l'hôtel *Adlon*. Quand il est arrivé, il a vu plusieurs hommes à l'entrée en train de parler à voix haute.

«Psst, s'il vous plaît parlez à voix basse», dit il. «Vous voyez, une partie du

public est déjà endormie.»
Lors de la réception qui a suivi la lecture, un journaliste lui a demandé quelle impression il avait de la lecture de l'auteur qui, en quelques mois, avait écrit des livres sur plusieurs capitales européennes.

«Comme il écrit constamment sous la pression du temps, il a tendance à généraliser. Par exemple il écrit que les femmes berlinoises sont grandes et à la poitrine généreuse et portent des jupes très courtes, s'il a vu à la sortie de la gare de Berlin une telle 'dame'.»

Les erreurs les plus courantes

Chère Sofia,

avant de vous lancer dans la spéculation boursière, je dois vous avertir des erreurs les plus courantes commises par les actionnaires.

Je vous ai déjà présenté le filet de sécurité des sept règles. Celles-ci ne sont malheureusement pas suivis par la plupart des actionnaires. Lorsque le marché boursier est en plein essor, les actionnaires ont tendance à garder une trop grande part des actions dans leur dépôt. Ils le font soit parce qu'ils ne connaissent pas la formule 'part des actions en % = 100 moins l'âge' ou dans le mépris délibéré de cette formule.

Un piège boursier fréquent: des conseils d'initiés infaillibles. Voici un risque que les actionnaires vendent d'autres actions afin de mettre autant de capital sur la seule carte d'initié infaillible. Si le conseil d'initié s'avère être un flop, cela signifie une grande perte pour les investisseurs.

Peu d'actionnaires transforment leurs

gains en titres surs. Ils redoutent la réduction des rendements lorsqu'ils transforment leurs gains en actions en titres surs. Ils ne comprennent pas que la réduction des rendements est le prix inévitable pour assurer les gains en actions.

La *stratégie anticyclique* consiste à acheter à des cours décroissants et à vendre lorsque les cours augmentent. Puisque l'actionnaire suit l'instinct grégaire, il lui est difficile de vendre avec la hausse des cours. Si tout le monde achète, pourquoi devrait-il vendre à contre-courant?

Cependant, il y a un comportement qui est encore plus difficile pour lui: vendre une action si son prix est tombé en dessous du prix d'achat. Ceci est interprété par l'actionnaire dans le sens que l'achat d'action était une erreur. Aucun actionnaire n'aime avouer qu'il a fait une erreur. C'est pourquoi il cherche des arguments pour ne pas vendre les actions, par exemple:

'La Bourse a eu tort et va corriger cette erreur à nouveau.'

En règle générale, ce n'est pas le marché boursier qui s'est trompé mais le spéculateur.

Un autre argument:
'Il s'agit d'une baisse temporaire des cours, qui sera bientôt compensée par une hausse des cours.'

Une baisse du cours de l'action peut parfois conduire à un redressement du cours de l'action, ce qui laisse espérer une égalisation de la perte. Accompagné par de nouveaux espoirs de l'actionnaire pour compenser la perte, le prix de l'action tombe à de nouveaux bas.

Un autre argument:
'Tant que je ne vends pas l'action, la perte n'est pas encore réalisée. Seulement quand je vends l'action, la perte est réalisée.'

Si vous ne vendez pas une action qui tombe en dessous du prix d'achat, vous subirez un double dommage: premièrement la baisse du cours, deuxièmement la perte de profit que vous aurez faite si vous l'avez vendue et transformée en une action profitable. Si une action tombe de 10 - 15 % en dessous du prix d'achat, je vous recommande de vendre l'action. Dans son livre 'L'aventure de l'argent - une vie de boursier' *André Kostolany* décrit à quel point cela est difficile:

'Le plus dur est d'accepter une perte en Bourse. C'est une intervention chirurgicale. Vous devez amputer le bras avant que l'empoisonnement s'étende, le plus tôt sera le mieux.'

Vous pouvez voir combien il est difficile pour l'actionnaire de vendre un titre qui est tombé en dessous du prix d'achat. Cependant, il y a une chose qu'il est encore plus difficile à faire: acheter des actions pendant une chute de la Bourse. Rares sont ceux qui ont le pouvoir d'acheter lors d'un crash boursier. Encore une fois l'instinct grégaire s'avère être le plus grand obstacle. Si l'on entend l'appel «feu» et voit que tous les actionnaires se précipitent vers la sortie boursière, il faut avoir les nerfs d'un *Warren Buffet* pour rester en Bourse et acheter les actions qui sont vendues par les actionnaires à un prix ridicule.

André Kostolany décrit les hauts et les bas de la Bourse comme suit:

Les professionnels du marché boursier ('mains fortes') achètent leurs actions lors d'un crash boursier à des prix très bas. Le boom boursier qui suit le crash attire de plus en plus d'amateurs ('mains tremblantes') sur le marché boursier. Les professionnels du marché boursier vendent à ces amateurs leurs actions pendant le marché haussier aux prix le plus élevés. Le crash boursier suivant le marché haussier panique les amateurs. Ils vendent leurs stocks, qu'ils ont achetés au plus haut prix auprès des professionnels, mais cette fois à des prix très bas. Après cela le jeu recommence, où les amateurs perdent toujours en payant les gains des professionnels, qui sont toujours les profiteurs.

Enfin, je vous raconte une anecdote sur un homme qui devait à la panique d'actionnaires son plus grand coup boursier. Il était un membre de cette légendaire dynastie monétaire, qui a reçu deux titres honorifiques:

'Rois des banquiers' et 'Banquiers des rois'.

Le banquier *Nathan Rothschild* a acheté des prêts de guerre pour financer la lutte de l'Angleterre contre *Napoléon*.

Le 18 juin 1815, il y avait à *Waterloo* la bataille décisive entre les troupes de *Napoléon* et les armées des alliés anglais et prussiens. On croit que le banquier a reçu le message de la victoire des alliés par l'intermédiaire du pigeon voyageur d'un agent belge. *Nathan Rothschild* est allé directement à la Bourse de Londres et a vendu ses prêts de guerre avec une expression très déprimée. Paniqués, les actionnaires suivirent son exemple et répudièrent leurs prêts de guerre. Leur cours plongea en un rien de temps. Les prêts de guerre ont été achetés par les hommes de paille du banquier à un prix ridicule. Quelques heures plus tard, la nouvelle de la victoire des armées alliées provoqua un boom à la Bourse de Londres. Le plus grand gagnant a été *Nathan Rothschild*. La panique des actionnaires lui avait donné le beau bénéfice d'un million de livres Sterling.